AF225359

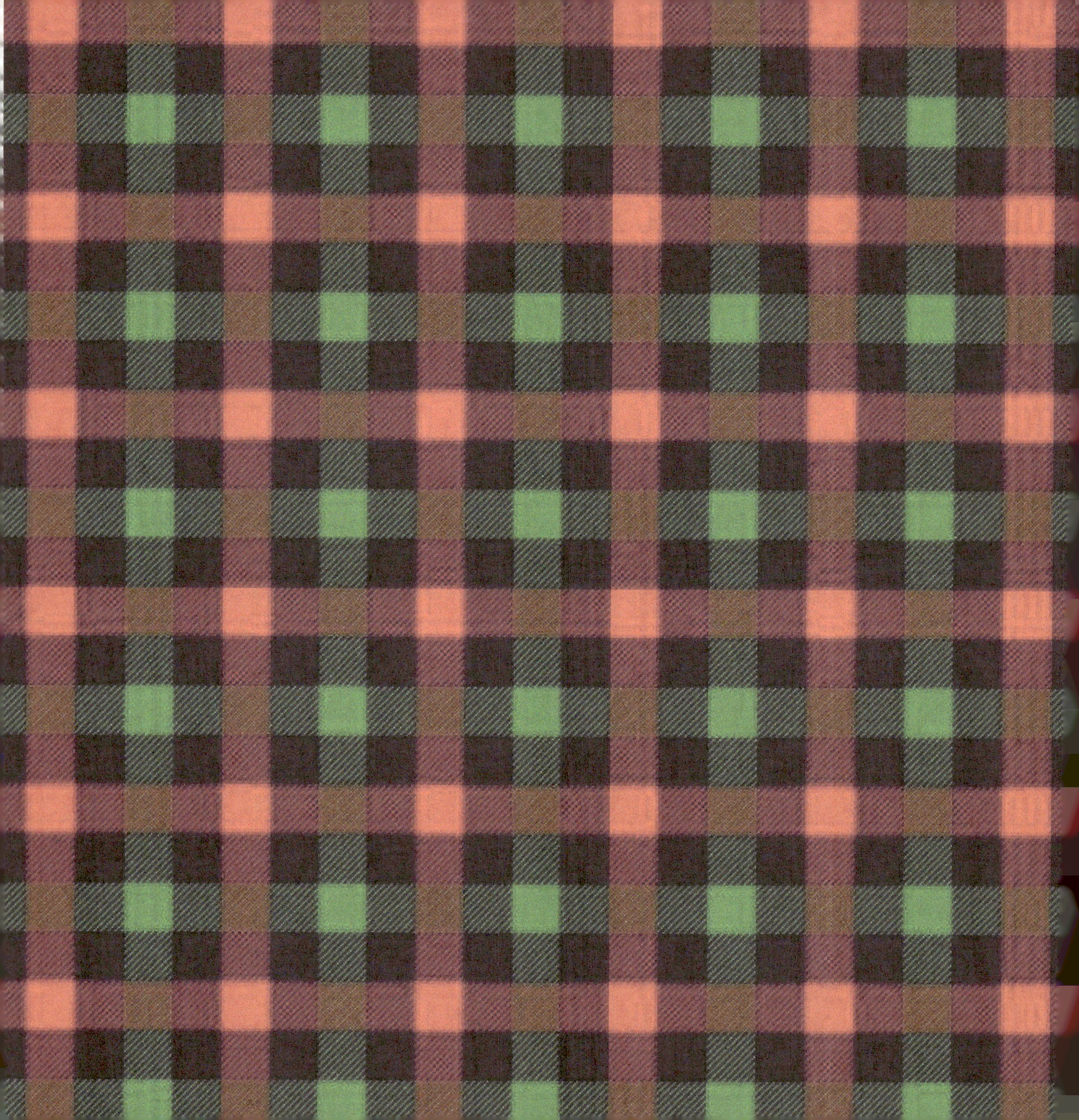

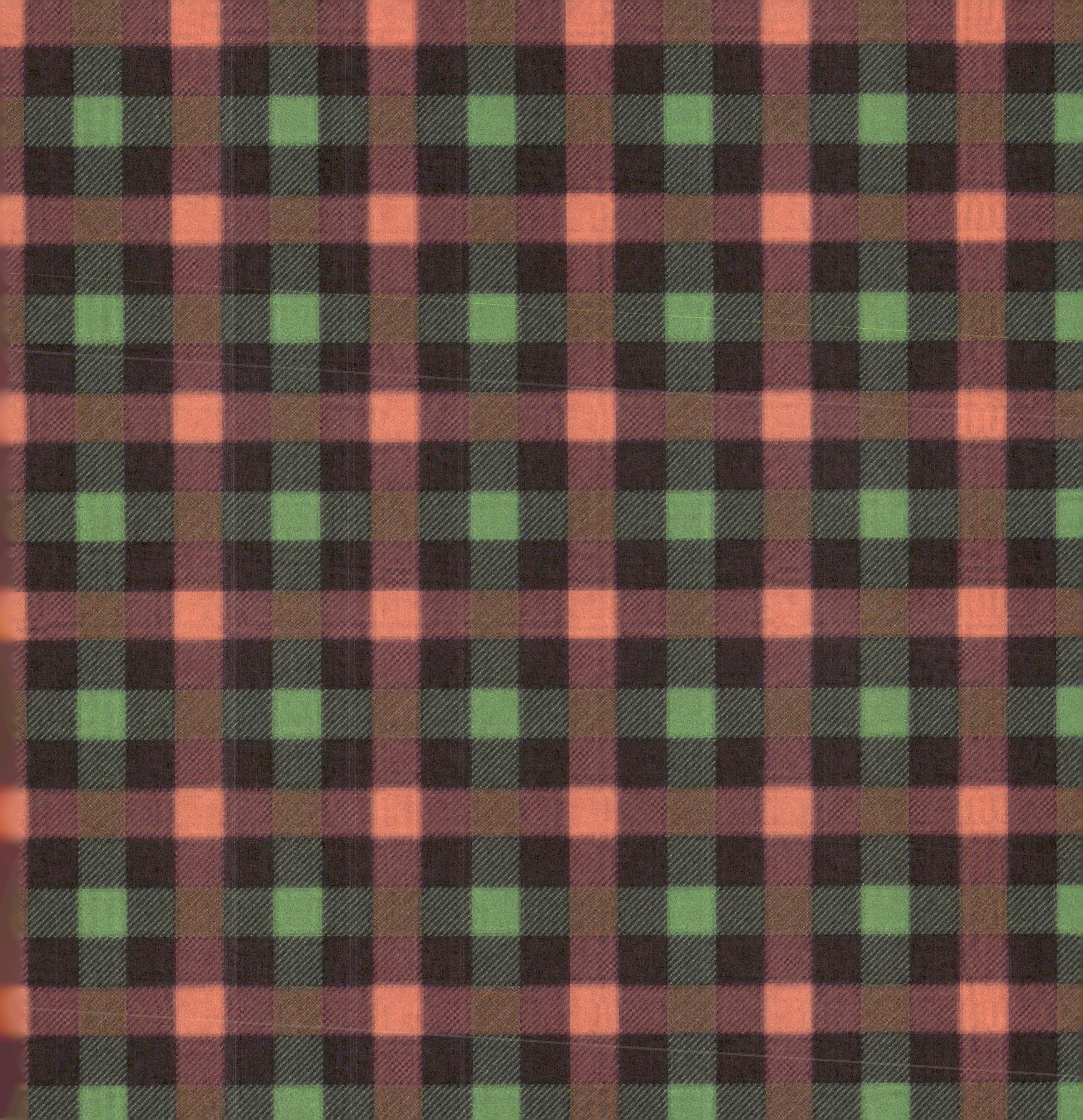

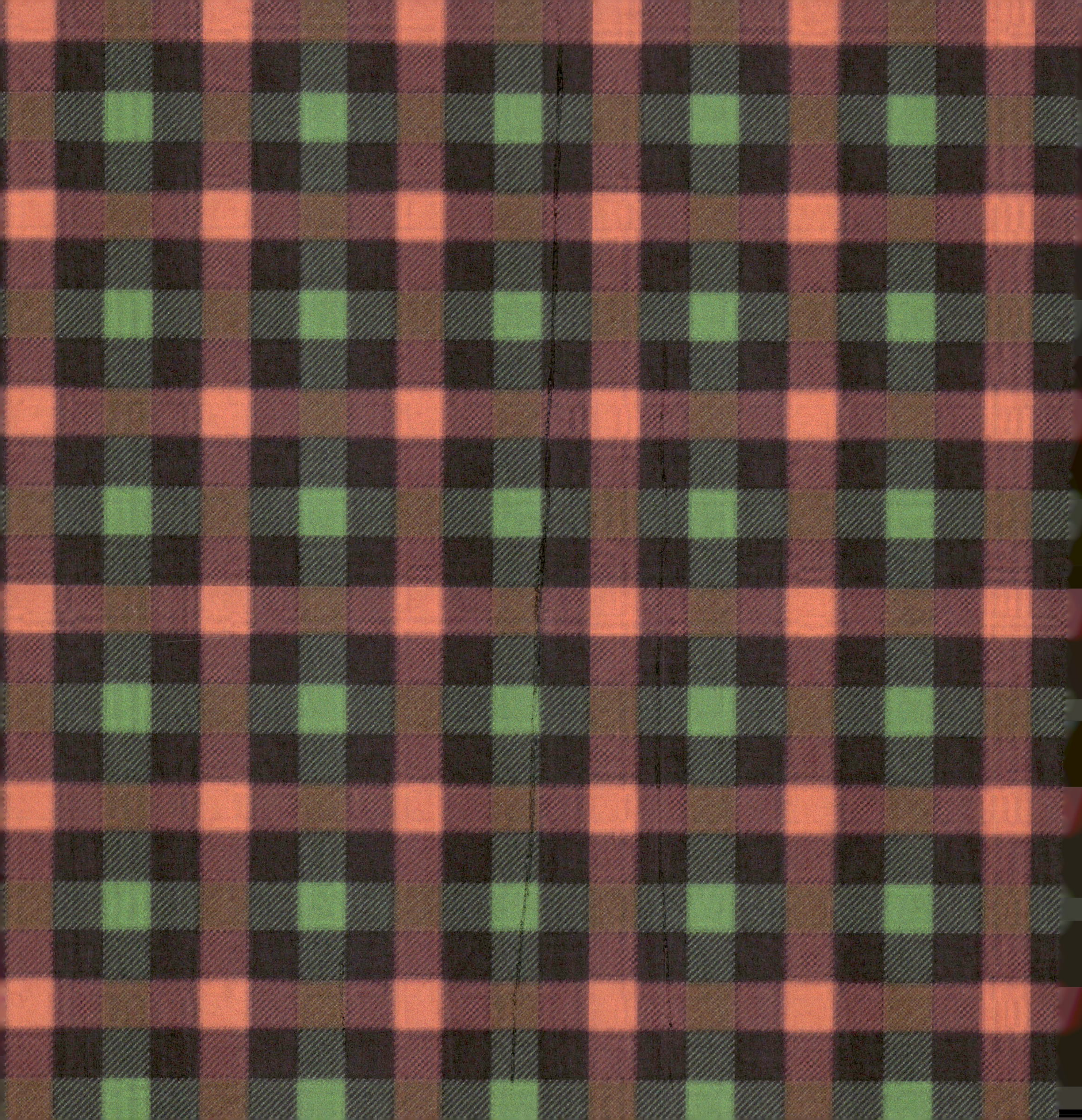

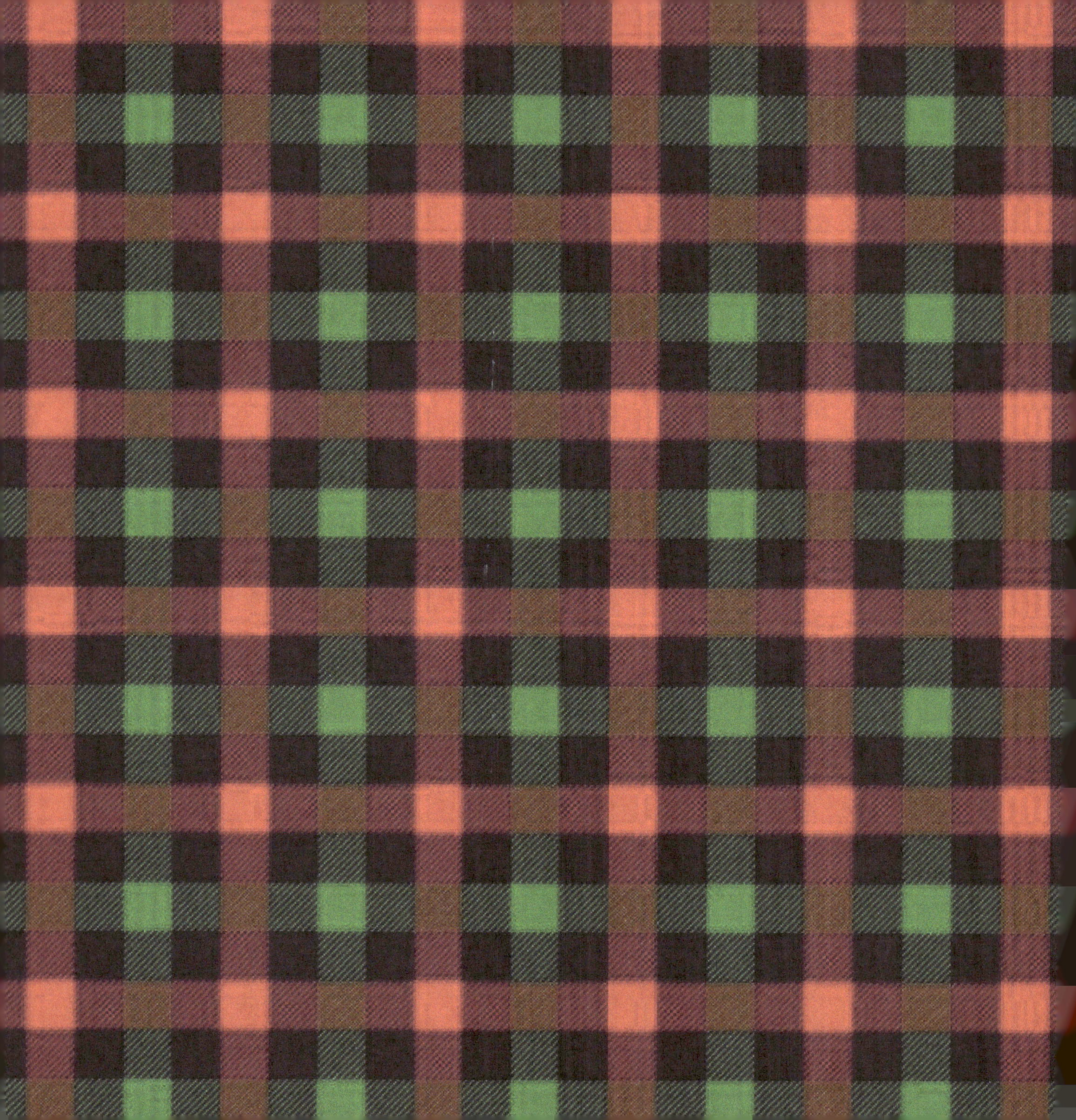

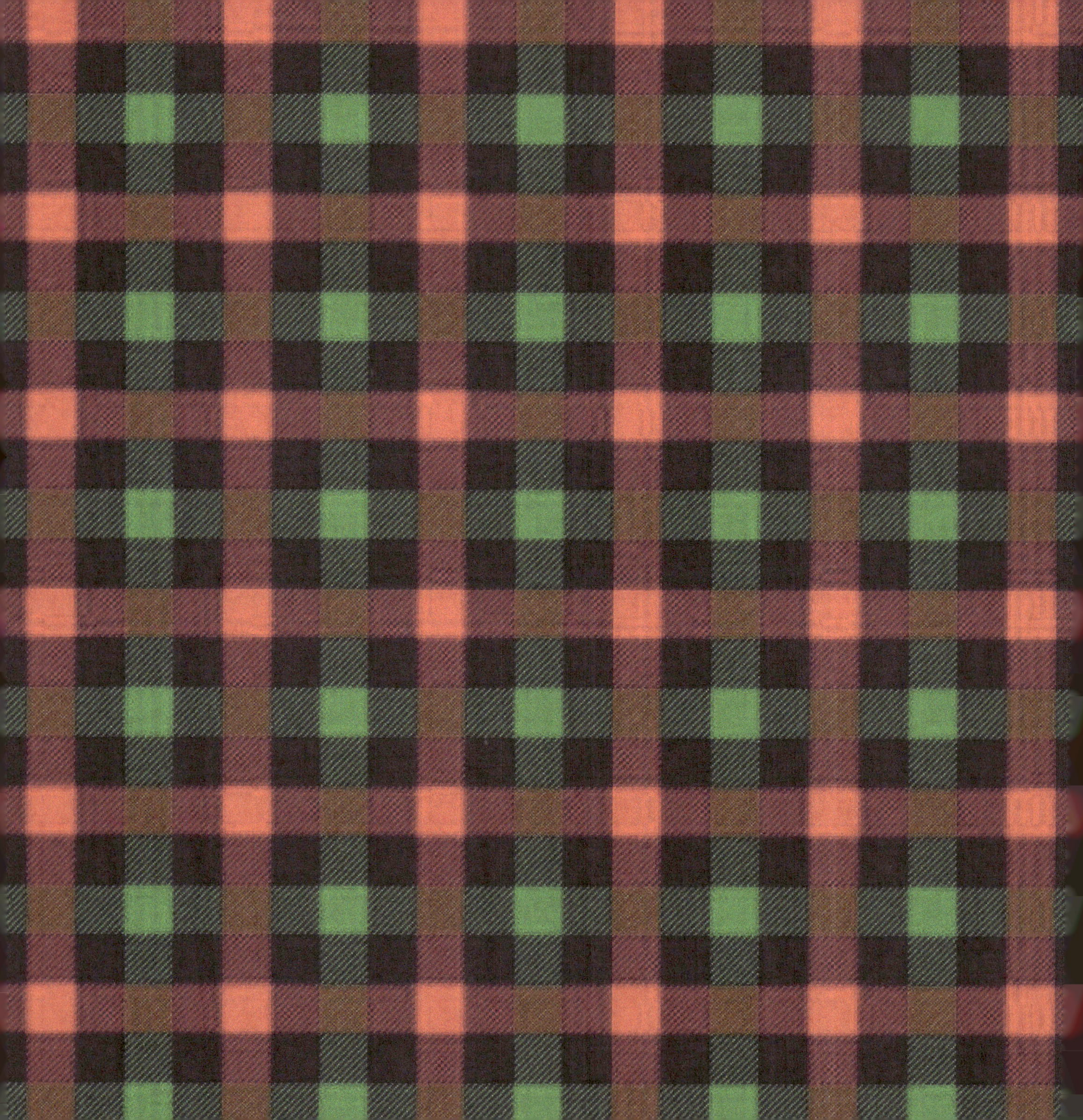

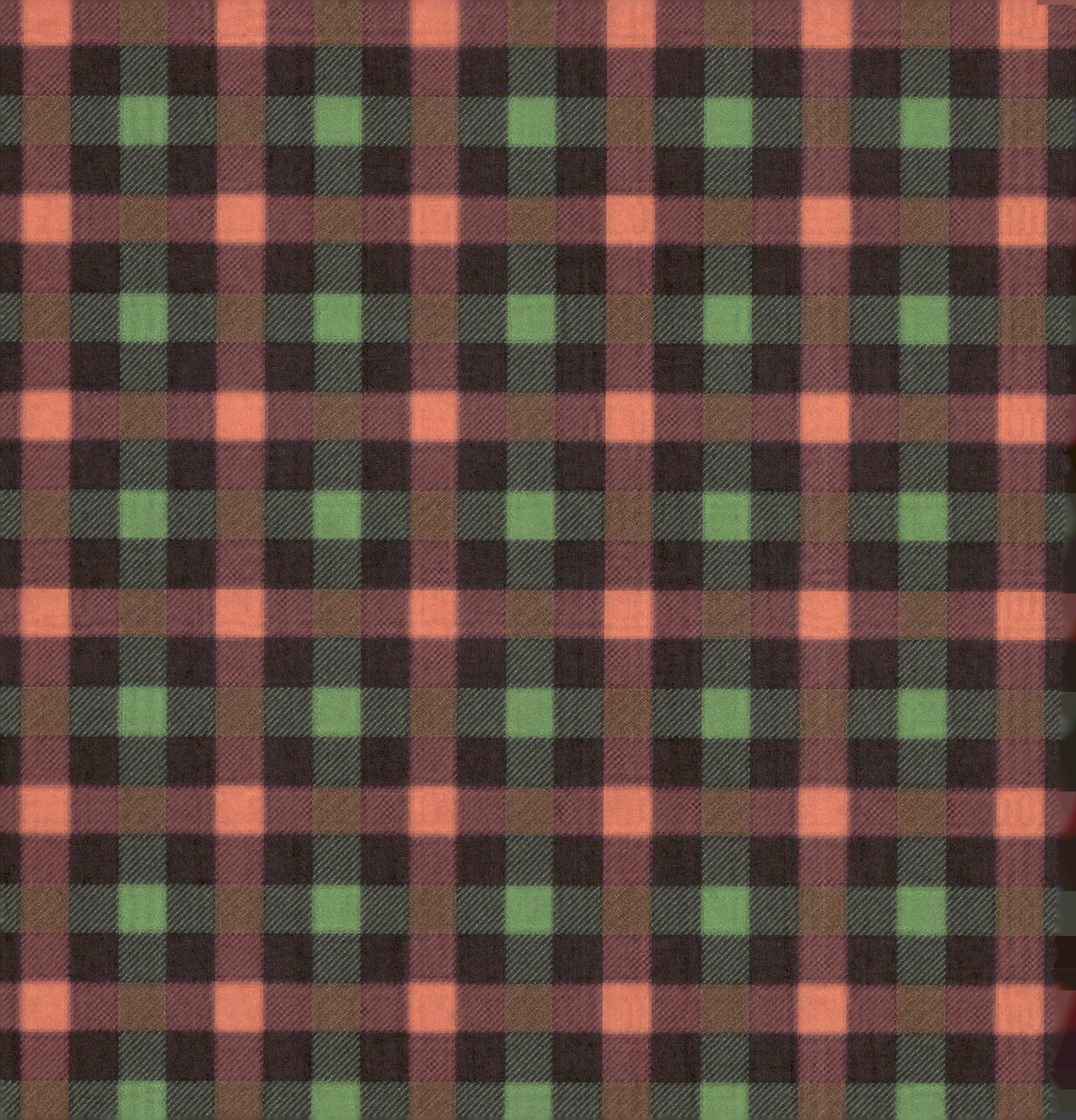

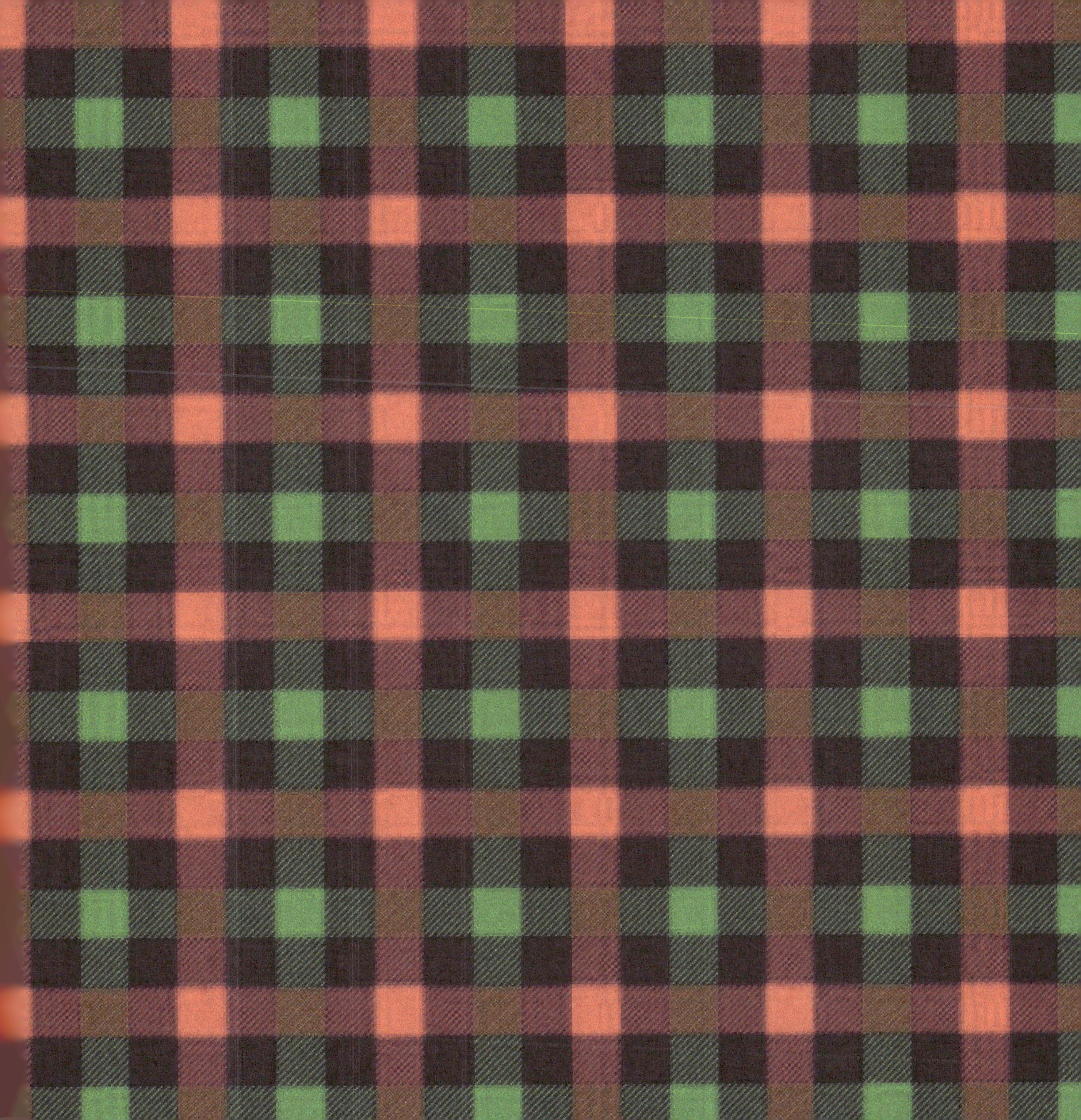

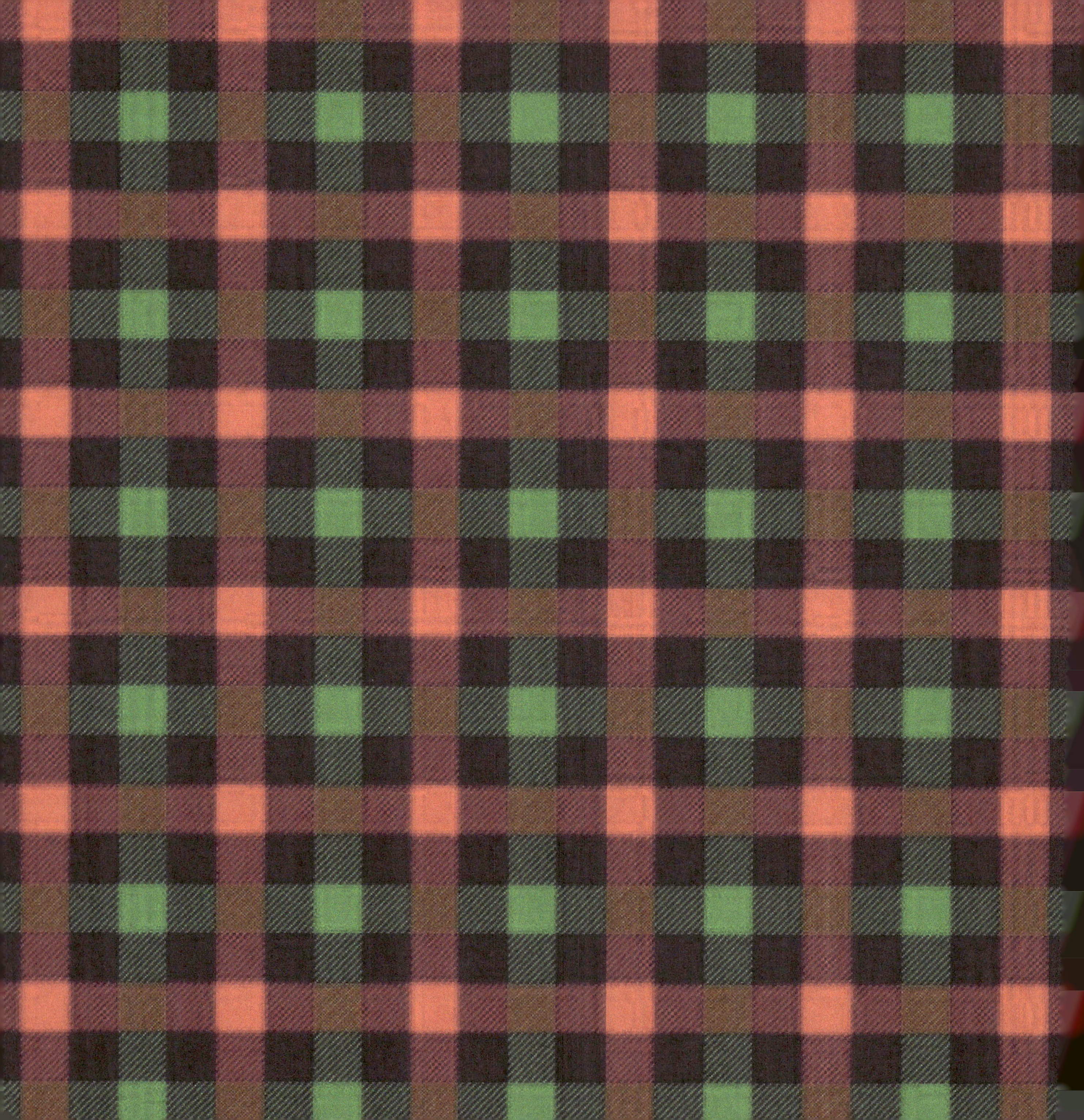

9 781636 571737